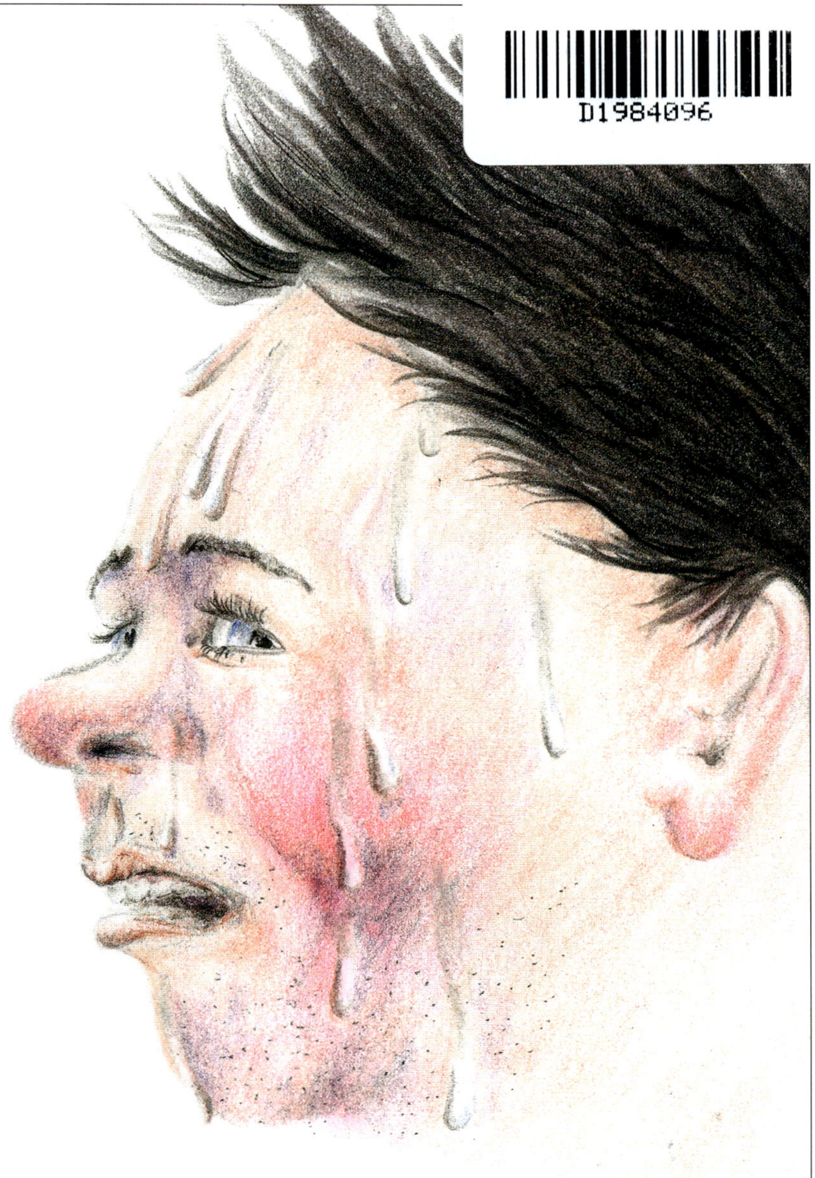

über die zukünftige Stellung des Hundes im Menschenrudel.

© 2005 KYNOS VERLAG
Dr. Dieter Fleig GmbH
Am Remelsbach 30
D-54570 Mürlenbach/Eifel
Telefon: 06594/653
Telefax: 06594/452
Internet: http://www.kynos-verlag.de

Gesamtherstellung: Printfinder SIA, Riga, Lettland

ISBN 3-938071-07-9

Hundsgemeinheiten

von Martin Blank

Kynos Verlag

Die meisten Hunde sind heutzutage vollwertige Familienmitglieder,
die in das tägliche Leben einbezogen werden.

Manch einer wird gar zum Mittelpunkt der Familie.

Zu viel Menschelei kann allerdings zu Problemen führen.

»Meiner war auch mal so klein.«
»Ach – tatsächlich?«

Bei gemeinsamen Spaziergängen zeigt sich das harmonische Miteinander von Mensch und Hund.

Herr und Hund verfolgen oft dieselben Interessen.

Die Liebe des Hundes zu seinem Herrn erreicht immer dann ihren Höhepunkt,
wenn das Essen auf dem Tisch steht.

He Berni!
Hier sind wir richtig.

Besonders ältere Menschen erfahren oft eine fesselnde Hundeliebe.

Ohne Worte.

Altrocker Olaf Mumpitz möchte auch beim Reiten seines Steckenpferdes nicht auf seinen vierbeinigen Freund verzichten.

Wir hätten Opa doch besser einen Dackel kaufen sollen.

Keine Angst mein Kleiner. Oma bügelt dir die Falten raus.

Herta schickt mich: Es reicht jetzt!

Als Vollwaise wuchs er bei den Hühnern auf.

Der Ärmste! Er hat riesige Identitätsprobleme.

Es gibt welche, die verstehen es, sich immer auf Kosten anderer durchs Leben zu schlagen.

»Kommst du mit den kleinen Rackern klar, Emil?«
»Ja doch, hab' alles auf der Reihe.«

Zwei Freunde im Schnee.

Ein Loch ist im Eimer, Freund Berni, Freund Berni.
Ein Lch ssst im, hicks, Eimer, Frau Brdlbrrr, aaain Hickss.

»Ein Gläschen Schampus, Frau Streitvogel?«
»Wollen Sie meinen Hund zum Säufer machen? Außerdem sitze ich hier drüben, Sie Dussel.«

Mein armes, armes Schnuckelchen, jetzt gehen wir aber gleich in die Boutique und kaufen dir ein Pelzmäntelchen.

Komm schon, du Blödköter, du Dummbeutel, du Fliegenschiss,
krieg mich doch, wenn du kannst!

Wahre Größe zeigt sich in der Not.

Wach endlich auf, Rambo! Die Arbeit ruft.

Weißt du Schatz, seit wir den Wachhund haben, kann ich wieder richtig gut schlafen.

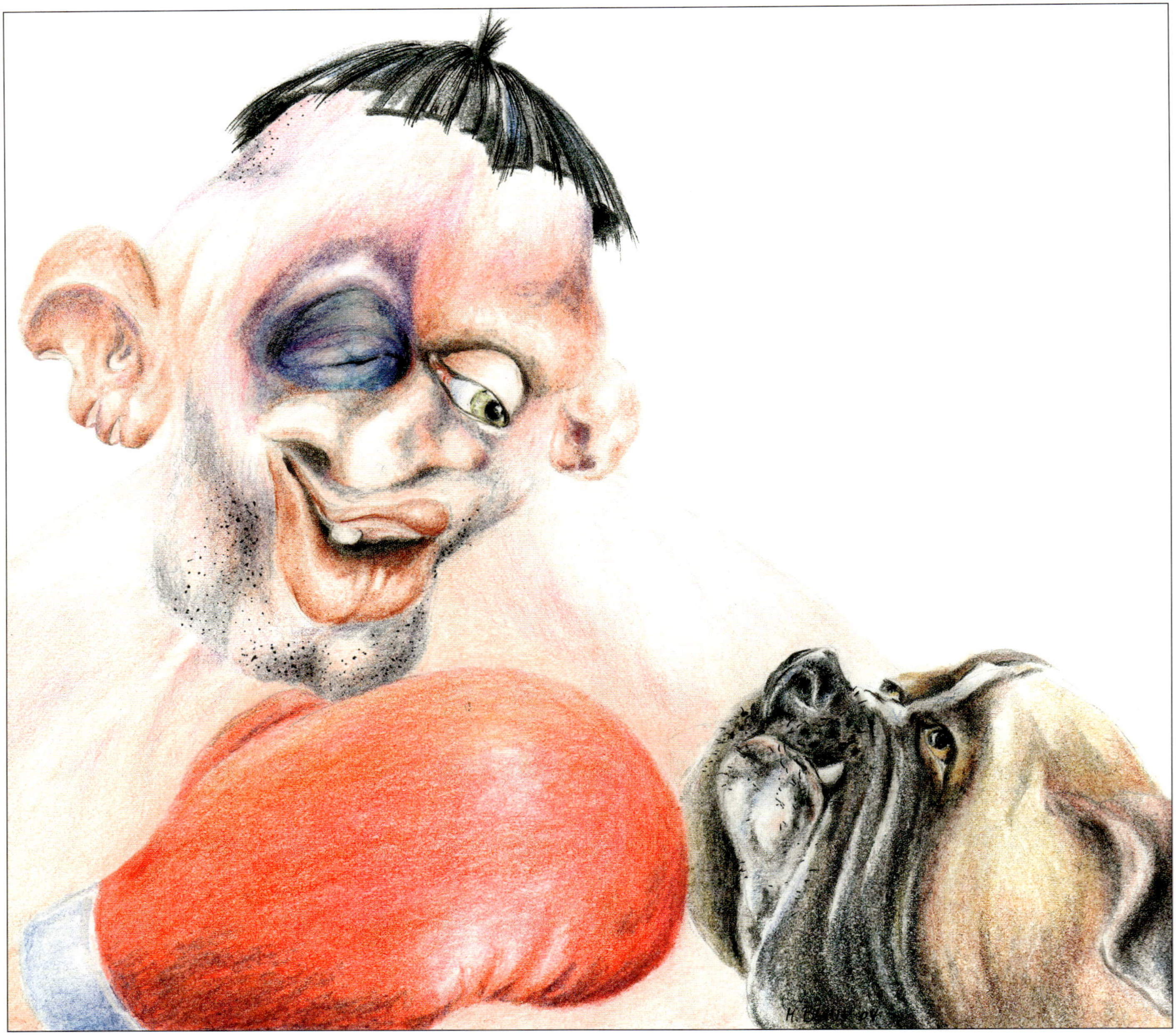

Zu jedem Menschentyp gibt es den passenden Hund.
»Wir paschen tschusammen wie die Fauscht auf'schs Auge.«

Keine Angst.
Der macht nichts, der will nur spielen.

Was wäre das Waidwerk ohne den Helfer mit der feinen Nase? Praktisches Handeln und Vormachen bringt auch in der Jagdhundausbildung beste Lernerfolge.
»... und diesch isch apporhiern.«

Fass, Krümel!
Mach' sie fertig, die wilde Sau.

»Und was sagst du dem Alten?«
»Ganz einfach, dass ich jetzt auf rot stehe und nicht mehr auf grün.«

Wo bleibst du denn Krümel?
Komm' endlich raus.

Hobbyjäger Hubertus von Brausewetter ist überaus eitel.
Trotz starker Kurzsichtigkeit weigert er sich beharrlich, eine Sehhilfe zu benutzen.

Neue Züchtung, meine Herren.
Damit mach' ich eine Strecke, sag ich Ihnen.

Die Diplomatenjagd nimmt Barry immer zu wörtlich.

Da – da – das ist unfair. Ihr seid neune und ich alleine.

Beim Ansitzen sucht Lord McDuggle nichts als seine Ruhe. Also bellt sein treuer Henry Moorhuhn, Fuchs und andere Störenfriede einfach in die Flucht.

Wenn ich bloß noch wüsste, wo ich Struppi damals angebunden habe.

Die Nahrungskette kurz vor der Mahlzeit.

... und dann machen wir ein Loch in den Zaun
und schieben wieder alles dem Fuchs in die Schuhe.

Seine Eltern kann man sich halt nicht aussuchen.

Manche Hunderassen existieren nur in der menschlichen Fantasie.
Hier führt Oberstudienrat Otto Klopstock seinen inneren Schweinehund spazieren.

Na lauf schon, du lahme Gurke!
Kriegst auch einen feinen Knochen.

»Und ihr seid sicher, dass wir das richtig machen?«
»Na klar, genau so steht es im Buch.
Und jetzt schwing die Hufe, Alter, Bremen wartet auf uns.«

Nimm sofort die Finger von der Dame,
oder ich bring' meine Eifersuchtsnummer.

Ein paar Takte an der frischen Luft tun uns gut –
nicht wahr, Apollo?

Lassen Sie doch diesen Dackelblick, Herr Minister!
Es gibt jetzt kein Leckerli.

Patriotismus schön und gut,
aber treibt es dieser Hund nicht doch zu bunt?

Wenn ich raufkomme, dann mach' ich dich fertig, ... dann rupf ich dich,
... dann gibt es Frikassee zum Abendbrot, ... dann ..., ... dann ..., dann ....«
Wenn nur das Wörtchen wenn nicht wär.

Da tanzen sie dir auf der Nase herum und du kannst sie nicht einmal in den Hintern beißen.

In früheren Zeiten diente der Hund auch als Wärmflasche.

Er benutzt ihn als biologisch dynamischen Rohrputzer.

Er war viele Jahre bei der Drogenfahndung.

Der Anstandswauwau ist so gut wie ausgestorben,
der Verfall der guten Sitten nicht mehr aufzuhalten.

Ferkel, Sie! Was fällt Ihnen ein?

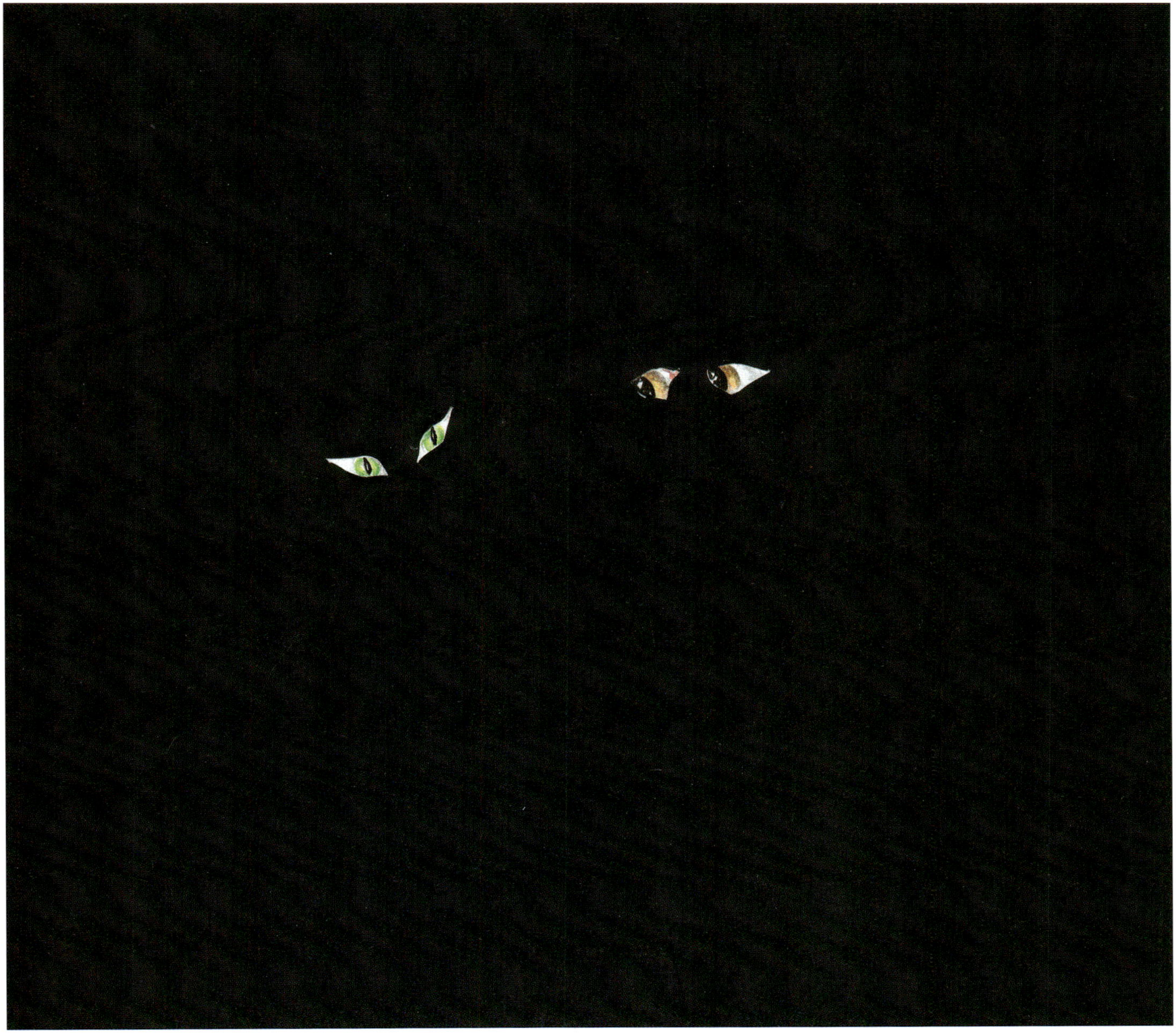

Na, meine Süße, wie wär's mit uns bei ...
Aua! Elendes Katzenvieh!

Alles nur Kummerspeck, ehrlich.
Es liebt uns ja keiner.

Wenn Uschi Knödelmaier ihren kleinen Liebling hochnimmt,
wird ihr richtig warm ums Herz.

Mit ihren beiden prächtigen Möpsen heimst Barbara Gutöhrlein immer wieder begehrte Preise ein.

Wohlhabende Damen kuschelten gleich mit einem Heer von Möpsen.

Schau Ur-ur-ur-opa Lupus, was aus deinen Nachfahren geworden ist.

Was die Evolution aus unserem vierbeinigen Liebling noch gemacht hat. Zum Beispiel den ostfriesischen Deichhund. Er kann auch in den bayerischen Alpen eingesetzt werden. In der Ebene erweist sich der asymetrische Körperbau als unpraktisch.

Mit seinem Spezialgebiss erwischt der Postbotenbeißer den Briefträger auch durch engste Briefkastenschlitze.

Und schließlich der seltene Rundumseher mit einem Blickwinkel von sage und schreibe 360°. Allerdings nur in aufrechter Haltung. Beim Hinsetzen schützen zusätzliche Schließmuskel das hintere Augenpaar.

Der Kleine hält sich für den Größten.

Dabei habe ich doch bloß ein paar Hundekuchen genascht.

»Oh Gott, was macht er denn?«
»Bleib cool Baby, er markiert nur sein Revier.«

»Willst du mich tatsächlich durch den Schornstein schmeißen?«
»Tut mir Leid, mein Kleiner, aber Vorschrift ist Vorschrift.«

Zum Schluss noch etwas Englischunterricht:
Aus diesem kleinen Schreihals wird gleich ein ***Hotdog.***

Kommst du mit zum Katzenjagen?
Keine Zeit, bin heute ***Babysitter.***

Schon mal was vom ***Underdog*** *gehört?*

Don't worry, *Mum. Wir sind versichert.*

*Der gute Herr **DOGtor** macht kranke Hunde wieder gesund.*

Wo er das Futter annimmt, ist der Kopf. Wo es wieder herauskommt, ist das Hinterteil.
***Input** und **Output**, wenn Sie verstehen, was ich meine.*

So ein Hundeleben ist ***beautiful, isn’t it?***

»Der gehört mir!«